Gestalten mit Naturmaterialien

Marlies Busch

Gestalten mit Naturmaterialien

Ideen für jede Jahreszeit

Inhalt

Vorwort

Die Natur liefert uns im Jahreslauf interessante und aparte Materialien zum Gestalten von dekorativen Dingen. Jede Jahreszeit hat ihre spezifischen Farben, Formen und Strukturen, die sie von den anderen unterscheidet. Ebenso variieren Naturmaterialien immer in Form und Farbe, sodass ein Kürbis, eine Kastanie oder eine Rosenknospe nie anderen völlig gleicht.

Naturmaterialien sprechen uns vor allem durch ihren besonderen Duft, ihre oft eigenwillige Struktur und durch ihre Natürlichkeit an. Ihre Vielfalt scheint unbegrenzt und die Verwendungsmöglichkeiten sind vielfältig. Originelle, bildschöne und aparte Ideen hierfür liefert Ihnen dieses Buch. Zur Umsetzung der hier gezeigten Modelle benötigen Sie weder floristisches Geschick noch besondere handwerkliche Erfahrung. Wenige Handgriffe führen oft schon zum Erfolg.

Die Einteilung nach Jahreszeiten erleichtert es Ihnen, die notwendigen Materialien zur Hand zu haben. Das Frühjahr wird von eher leichten Formen und Farben dominiert. Weiß, cremefarben, zartes Grün und Pastelltöne zeichnen die Modelle aus. Transparenz ist gefragt. Doch auch im Sommer sind neben den leuchtenden Sommerfarben verhaltene und Pastelltöne angesagt. Im Herbst stechen die kräftigen, warmen Farben hervor, die den Winter noch etwas im Zaum halten. Die Winterzeit bringt uns neben Behaglichkeit auch weihnachtliche Rot-, Grün- und Orangetöne.

Lassen Sie sich von den Farben und Formen, die die Natur hervorbringt, und von den hier gezeigten Modellen zu eigenem Tun inspirieren. Ich wünsche Ihnen in jeder Hinsicht viel Freude im Jahreslauf.

Marlies Busch

Frühling

lässt sein blaues Band
wieder flattern durch die Lüfte ...

und wir riechen freudig
die wohl bekannten Düfte!

Lebendiges Rankgitter

Eine interessante Idee für ran-
kende Pflanzen ist dieses Rankgitter. Etwas Geduld und schon
sprießen entlang den Weidenruten kleine grüne Blättchen.

■ **Material**
Blumentopf
Blumenerde
Efeu/rankende Pflanze
Weidenruten, möglichst frisch
geschnitten
Kokosfaser
Ranken: Wein/Knöterich/andere
Pflanzen
Bindedraht
Zange
Messer
Kärtchen/Etikett

1. Pflanzen Sie den Efeu oder
eine andere Rankpflanze in den
Blumentopf.
2. Die Weidenruten auf die gewünschte Länge schneiden und
in gleichmäßigen Abständen
am Topfrand entlang in die Erde
stecken. Binden Sie die oberen
Enden mit Kokosfaser zusammen.
3. Befestigen Sie die Ranken
nun mit Bindedraht an einer
Weidenrute und schlingen Sie
diese spiralförmig um die Ruten.
4. Befestigen Sie das Ende der
Ranken mit Bindedraht an den
Weidenruten.

Ein mit einem Gruß oder Spruch beschriftetes Etikett lässt sich leicht mit einem Stück Kokosfaser an dem Rankgitter anbringen.

Weidenkätzchenring

■ **Material**
Weidenkätzchen
Styroporring
Klebstoff

Bestreichen Sie den Styroporring
abschnittsweise mit Klebstoff
und bringen Sie die Weidenkätzchen an. Arbeiten Sie immer
in eine Richtung und achten Sie
darauf, dass die Unterlage
gleichmäßig bedeckt ist.

Tipp:
● Kleine Ringe eignen sich
als Serviettenringe oder Eier-
becher auf dem österlich
gedeckten Tisch.

Osternester

Beim Anblick dieser aparten
Nester aus unterschiedlichen
Ranken könnte gar manch ein
Vogel neidisch werden.

Rankennest
■ **Material**
Euphorbia
Ranken: Wein/Knöterich/andere
Pflanzen
Islandmoos
Bindedraht
Zange
Dekoteller

1. Die Euphorbia zu einem Ring
winden und an mehreren Stellen mit Bindedraht fixieren.
2. Winden Sie nun eine lange
Ranke um den Kranz.
3. Legen Sie das Nest auf einen
farblich passenden Dekoteller
und polstern Sie es mit Islandmoos aus.

Doppelstöckiges Nest
■ **Material**
Weinranken unterschiedlicher
Stärke und Länge
Bindedraht
Zange
Birkenzweige dünn
Kokosfasern

1. Dieses Nest besteht aus einem
größeren und einem kleineren
Kranz, der jeweils aus Weinranken gewunden und mit Bindedraht zusammengehalten wird.
2. Setzen Sie den kleineren auf
den größeren Kranz und verbin-
den Sie die beiden mit Bindedraht.
3. Stecken Sie einige kleine Birkenzweige durch die Mitte, damit die Eier nicht aus dem Nest
fallen können. Nun das Nest mit
Kokosfasern auspolstern.

Kleines „Feder"-Nest
■ **Material**
dünne Birkenzweige, auch mit
kleinen Blättern
Bindedraht
Zange
Federn gepunktet

1. Das kleine Nest schnecken-
förmig aus ganz dünnen Birken-
zweigen winden, dabei den
Kranz immer wieder mit Bindedraht fixieren. Einige Zweige
herausstehen lassen.
2. Polstern Sie das Nest mit
Blättern und kleinen Federchen.

Tischsets aus Moos

Fast wie ein Osterpicknick in frischem Grün: Tischset, Platzteller und Serviette im Frühlingsgewand.

■ Material

großer Rahmen: 8 grüne Cannastäbe (35 cm lang)
kleiner Rahmen (S. 13): 8 grüne Cannastäbe (20 cm lang)
Moos
Bindedraht
Zange
Teller blütenförmig
Blüten getrocknet
ein paar Cannastäbe pinkfarben
Federn
Serviette

1. Für die Rahmen je zwei Cannastäbe an den Enden mit Bindedraht so zusammenbinden, dass ein Quadrat entsteht.
2. Fixieren Sie zur Stabilisierung des Tischsets im ersten Rahmen mit 4 cm Abstand vier weitere, zum Quadrat gebundene Cannastäbe.
3. Verteilen Sie das Moos partienweise auf dem gesamten Rahmen und fixieren Sie es mit Bindedraht, bis der Rahmen vollständig bedeckt ist.
4. Stellen Sie den blütenförmigen Teller als Platzteller in den Rahmen und bestreuen Sie das Ensemble mit getrockneten, pinkfarbenen Blüten.

Tipp:
● Das Innere einer Serviette kann mit einem Zweig Blüten und einem farblich passenden Osterei geschmückt werden.

Tipp:
● Die Serviette zusammenfalten, durch den kleineren inneren Rahmen stecken. Verzieren Sie das Ganze mit dünnen pinkfarbenen Cannastäben und Federn sowie einem farblich passenden Osterei.

Kranz aus Federn

Zart und flauschig wirkt dieser Frühlingskranz, der apart mit Wachteleiern verziert ist.

■ **Material**
Styroporring
Federn weiß, braun
Wachteleier
Klebstoff

1. Den Styroporring abschnittsweise mit Klebstoff bestreichen und die Federn in einer Richtung dachziegelartig überlappend anbringen.
2. Die Wachteleier behutsam auspusten und dann mit Bedacht auf den naturfarbenen Federkranz kleben.

Naturgefärbte Ostereier

Mit Naturfarben gefärbte Eier haben einen warmen, sanften Glanz.

■ Material
Topf alt
Eier
Kamillenblüten (am besten von Färberkamille; Apotheke)
Matetee grün, ungeröstet
Cochenille (Farbstoff von Läusen; Apotheke)
Blauholz (Apotheke)
Zwiebelschalen
Blüten getrocknet, verschieden-farbig
Klebstoff
Eierkarton
Moos
Krepppapier

Die Eier zunächst unter fließendem Wasser säubern und anschließend hart kochen.

Gelb
Ein schönes Gelb erzielt man mit Kamillenblüten (keine Teebeutel) aus dem Kräuterfachgeschäft oder Reformhaus. Hierfür bereiten Sie einen Sud aus 5 EL Kamillenblüten und 1 Liter Wasser zu und geben die Eier in den noch heißen, jedoch nicht mehr kochenden Sud. Dies beeinträchtigt den Geschmack der Eier nicht.

Grün
Mit einem Sud aus 4 EL ungeröstetem grünem Matetee auf 1 Liter Wasser gewinnen Sie einen schönen Grünton.

Ocker
Mit dem Sud aus einer Handvoll Zwiebelschalen auf 1 Liter Wasser erzielen Sie einen schönen gelblichen Braunton.

Rot
Bereits 2,5 g getrocknete Cochenille auf 1 Liter Wasser zu einem Sud aufgekocht, erzeugt je nach Färbezeit verschiedene Rottöne.

Blau
Ein Sud von 3 EL Blauholz auf 1 Liter Wasser ergibt einen Blauton, dessen Farbspektrum je nach Färbedauer bis zu einem fast schwarzen Lila reicht.

Nach dem Trocknen der Farbe werden die Eier mit farbigen getrockneten Blüten beklebt und in einen mit Moos ausgekleideten Eierkarton gesetzt. Ein Blickfang ist ein selbst kreiertes Nest aus gedrehtem Krepppapier.

Tipps:
● Unterschiedliche intensive Farbtöne können durch Variieren der Färbezeit (bis zu 15 Minuten) erzielt werden.
● Farben kommen auf braunen und weißen Eierschalen unterschiedlich zur Geltung.
● Mit einer Mischung aus verschiedenen Suden, wie Kamille und Mate, Blauholz und Cochenille, lassen sich je nach Färbedauer interessante Farbtöne gewinnen.

Peppige Frühlingsblüten

Zart und duftig wirken die Apfelblüten in den Reagenzgläsern, eine durchaus reizvolle und ungewöhnliche Blumenvasenidee.

■ Material

Reagenzgläser
Bast hellgrün
Bambusstab lang, hellblau gestrichen
Schere
Apfel-/Kirschzweige blühend oder andere Blüten
Holztopf weiß
Steckmasse

Messer
Kieselsteine
2 Kerzen

1. Den oberen Rand der Reagenzgläser mehrfach mit Bast umwickeln und diesen dann verknoten. Dabei das Bandende auf einer Seite ziemlich lang lassen.
2. Den Bambusstab mit Bast aufhängen. Wickeln Sie das lange Bandende mehrmals um den Bambusstab und verknoten Sie es. Auf diese Art die Reagenzgläser in unterschiedlicher Höhe befestigen.
3. Füllen Sie die Gläser vorsichtig mit Wasser und stecken Sie den Blütenzweig hinein.

Kerzenhalter

Reagenzgläser – die etwas anderen Kerzenhalter.

1. Passen Sie die Steckmasse in den Holztopf ein.
2. Die Reagenzgläser locker mit Bast umwickeln und in die Steckmasse drücken.
3. Füllen Sie den Topf mit Kieselsteinen und stecken Sie die Kerzen behutsam in die Reagenzgläser.

Lampenschirm im Federkleid

Ein hübsches Federkleid tragen diese Lampen und verbreiten ein angenehm schmeichelndes Licht.

■ Material

Tischlampe mit einfachem Lampenschirm

Federn olivfarben, weiß, naturfarben

Klebstoff

1. Den Lampenschirm von der Lampe abnehmen und abschnittsweise mit Klebstoff bestreichen.
2. Die Federn mit den Kielen nach oben so auf den Lampenschirm kleben, dass dieser vollständig bedeckt ist.
Beginnen Sie hiermit am unteren Rand, über den die Federn hinausragen. Gut trocknen lassen.
3. Lücken können mit kleinen Federn geschlossen werden.

Aufgepasst

● In solche Lampenschirme nur Glühlampen mit max. 40 Watt einsetzen. Keine Halogenlampen verwenden, da sonst Brandgefahr besteht!
● Mit Federn bedeckte Lampenschirme nicht unbeaufsichtigt brennen lassen, da Federn ein leicht entzündbares Material sind.
● Mit Federn gestaltete Lampenschirme können mit Brandschutzspray eingesprüht werden, das im Handel zum Imprägnieren von Weihnachtsbäumen u. a. erhältlich ist.

Tipp:

● Eine besonders schöne Feder eignet sich hervorragend als Lesezeichen.

Sommer

Eine Schwalbe
macht noch keinen Sommer ...

doch Sonne, Strand, Meer
und Urlaub geben uns
ein herrliches Sommergefühl.

Sommerliche Tischdekoration

Mediterranes Flair verbreitet diese Tischdekoration mit vielen Muscheln und ungewöhnlichen Behältern für Duftkerzen.

■ Material
Cannastäbe dunkelgrün
(ca. 35 cm lang)
Paketschnur dunkelgrün
Talamifrucht ausgehöhlt
Duftkerzen hellgrün
Muscheln/Steine
Makrameeschnur naturfarben
Muschelband
Bast naturfarben
Schere
Klebstoff
evtl. Kieselsteine
evtl. Efeuranke

Tischset
Binden Sie die Cannastäbe mit der dunkelgrünen Paketschnur auf die Größe eines Tischsets zusammen.

Dekorative Quasten
1. Den Bast mehrmals quer um ein Buch wickeln, an einer Seite zusammenfassen und an der anderen aufschneiden.
2. Binden Sie den Bast am nicht aufgeschnittenen Ende im oberen Drittel mit der Muschelschnur zusammen.
3. Nun können Sie die dekorative Quaste mit Bast an der Serviette anbringen.
4. Mit der Makrameeschnur verfahren Sie wie mit dem Bast: Wickeln Sie die Makrameeschnur mehrmals um ein Buch, schneiden sie auf und binden sie im oberen Drittel ab.

Kerzen

Die Duftkerzen in die Talamifrucht stellen, dabei darauf achten, dass der Fruchtkörper einen
festen Stand hat. Sollte der
Talami-Kerzenhalter wackeln,
kleben Sie sozusagen als Fuß
unten einige kleine Steine oder
Muscheln an.

Tipp:
 Eine Blumenvase aus Talamifrucht rundet die Tischdekoration ab. Hier wurde
die Frucht mit Kies und kleinen Muscheln gefüllt und mit
einer Efeuranke versehen.

Briefpapier und Tagebuch

■ Material

Tagebuch/Fotoalbum (Seiten aus handgeschöpftem Papier)
Blätter groß, nicht getrocknet, mit schöner Äderung (z. B. Kastanie, Ahorn)
Bananenpapier
Bast naturfarben, grün
Briefblock aus Naturpapier
Briefpapier in der Mappe
Blätter gepresst
Stiefmütterchen gepresst
Locher
Klar-/Mattlack für Serviettentechnik
Pinsel
Schere

In alter Tradition mit einer Feder einen Brief schreiben oder die Geschehnisse des Tages einem Buch anvertrauen und dies alles auf selbst gestaltetem Papier bereitet ein nicht alltägliches Vergnügen.

Tagebuch

1. Lösen Sie den vorderen und hinteren Umschlagdeckel vom Buchblock und lochen Sie alle Seiten mit einem Locher.
2. Den vorderen Umschlagdeckel mit Klarlack bestreichen und zu zwei Dritteln mit einem Blatt so bekleben, dass die Äderung des Blattes von der Mitte ausgeht.
3. Die Überstände des Blattes auf der Rückseite des Buchdeckels mit Klarlack anbringen. Gut trocknen lassen.
4. Verfahren Sie ebenso mit dem hinteren Umschlagdeckel.
5. Den verbleibenden Rand bekleben Sie nun mit einem passend gelochten Bananenpapier.
6. Zum Schluss auf den gesamten Buchumschlag innen und außen Klarlack auftragen.
7. Durch den hinteren Buchdeckel, die Blätter und den vorderen Buchdeckel ein stabiles Bastband ziehen und mit einer Schleife verknoten.

Briefpapier

Das Briefpapier wird ebenfalls mit Klarlack für Serviettentechnik bearbeitet. Hierfür auf die gewünschten Flächen der Briefmappe, des Briefpapiers oder des Anhängers die gepressten, trockenen Blüten oder Blätter mit Lack anbringen, gut trocknen lassen und das Ganze zum Schutz nochmals mit Lack überziehen.

Tipp:
● Selbst gefertigte Anhänger verleihen bereits der Geschenkverpackung eine persönliche Note.

Bilderrahmen mit Meeresmuscheln

Kleine, verschiedenartig geformte Muscheln vom Meeresstrand sind hervorragend zur Verzierung von Bilderrahmen geeignet.

■ Material
Bilderrahmen unterschiedliche Größen
Bastelfarbe weiß, matt
Pinsel
Sandpapier mittlerer Körnung
Pinsel breit
Klebstoff
Muscheln klein

1. Säubern Sie die Muscheln gründlich unter fließendem Wasser. Gut trocknen lassen.
2. Sortieren Sie die Muscheln zunächst nach Form und Größen.
3. Die Bilderrahmen mit weißer, matter Bastelfarbe streichen. Gut trocknen lassen.
4. Schleifen Sie die Farbe mit Sandpapier insbesondere an den Kanten der Rahmen behutsam so an, dass ein schöner antiker Effekt entsteht.
5. Den Staub mit einem breiten, trockenen Pinsel entfernen.
6. Die Muscheln nun entweder nach Sorten sortiert in Gruppen, als Verzierung an die Ecken platziert oder gleichmäßig verteilt auf den Rahmen kleben.

Besonders apart wirken Mehrfachrahmen mit zwei oder vier Fenstern, auf eine weiß gestrichene Holzstaffelei gestellte Mehrfachrahmen oder mehrere in einer Gruppe zusammengehängte Rahmen.

Blumentöpfe mit Blattdekor

Schon als Kind hat uns das Pressen von Blättern und Blüten große Freude gemacht. Was aus den Fundstücken von unseren Gängen durch die Natur alles werden kann, zeigt diese Deko-idee.

■ **Material**

Blumentöpfe aus Holz, unterschiedliche Größe
Holztablett klein
Bastelfarbe nachtblau, weiß, beide matt
Pinsel breit und fein
Sandpapier mittlerer Körnung
Blütenpresse
Klar-/Mattlack für Serviettentechnik
Blüten und Blätter
Pinzette

1. Streichen Sie die Holztöpfe zuerst grob mit nachtblauer Bastelfarbe. Die Farbe gut trocknen lassen.
2. Überstreichen Sie nun die Holztöpfe ein- bis zweimal gründlich mit weißer Bastelfarbe. Zwischen den Anstrichen die Farbe trocknen lassen.
3. Dann die Kanten der Holztöpfe mit Sandpapier behutsam so anschleifen, dass der untere Anstrich leicht durchscheint und ein schöner antiker Effekt entsteht.
4. Den Staub mit einem breiten, trockenen Pinsel entfernen.
5. Die Holztöpfe an den für die gepressten Blätter und Blüten vorgesehenen Stellen mit Klarlack bestreichen.
6. Die Blätter oder Blüten auf den feuchten Klarlack legen und behutsam anpressen. Das Ganze gut trocknen lassen.
7. Zum Schutz sowohl der angebrachten Motive wie auch der Holztöpfe überstreichen Sie alles mit Klarlack. Das Ganze wiederum gut trocknen lassen.

Ebenso wie mit den Holztöpfen verfahren Sie mit dem Holztablett. Die letzte Schicht Klarlack besonders sorgfältig auftragen, damit die Standfläche des Tabletts auch wirklich wasserfest ist.

Mit einer solchen Blütenpresse lassen sich Blätter und Blüten rasch in „Form" bringen.

Zarte Duftsäckchen

Diese Duftsäckchen verströmen den lieblichen Rosen- und Lavendelduft des Sommers bis weit in den kalten Winter hinein.

■ Material

Rosenblätter und -knospen getrocknet
Lavendel getrocknet
Pfefferbeeren rosa
Silberblatt (Lunaria)
Borken
Organzasäckchen weiß, hellgrau
Schliffperlen weiß, hellgrau
Golddraht dünn
Schale

Rosensäckchen

1. Rosenblätter und Rosenknospen werden zu der Zeit gepflückt, in der sie ihren Duft am intensivsten verströmen.

2. Trocknen Sie Rosenblätter und -knospen am besten nach Sorten getrennt an einem luftigen, warmen Ort ohne direkte Sonneneinstrahlung, da sie sonst Farbe und Duft verlieren.

3. Nun können Sie die Rosenblätter und -knospen entweder nach Sorten getrennt oder gemischt in die vorbereiteten Säckchen aus Organza füllen. Auch die Beeren des rosa Pfeffers wirken mit Rosen gemischt sehr attraktiv.

4. Die Säckchen zubinden und mit einer Traube aus rosa Pfefferbeeren verzieren.

Lavendelsäckchen

1. Den Lavendel am besten als Strauß gebunden kopfüber trocknen und dann die Blüten von den Stielen zupfen.

2. Der Lavendel bringt einen angenehmen Duft in den Wäscheschrank und vertreibt die Motten.

3. Gemischt mit Silberblättern sowie anderen Borken und Blättern ergibt der Inhalt eines Säckchens ein herrliches Potpourri.

4. Nun kann der Lavendel mit den anderen Pflanzenzutaten in Säckchen gefüllt werden. Verschließen Sie die Säckchen mit Golddraht, auf den Schliffperlen aufgefädelt sind und der mit einem Silberblatt-Anhänger verziert ist, und binden Sie ein Lavendelsträußchen ein.

Tipp:

● Auch in eine schöne Schale gefüllt sehen Rosenblätter und -knospen umringt von rosa Pfeffer und verziert mit Silberblättern sehr dekorativ aus.

Traumfänger

Traumfänger wurden ursprünglich von den Indianern gefertigt, um damit unliebsame Träume abzufangen und nur angenehme Träume im Reich des Schlafes zuzulassen.

■ Material
Holzringe in unterschiedlichen Größen
Baumwollgarn rot, glatt
Schmuckmuschel
Perlen aus Naturmaterial weinrot, natur
Federn weinrot, gepunktet
Schere
Klebstoff

1. Das Baumwollgarn auf eine Länge von etwa 1,5 m (kleiner Ring etwa 80 cm) zuschneiden und in gleichmäßigen Abständen sehr locker um den Holzring winden.
2. In der zweiten Reihe den Faden jeder Schlaufe auffassen und diese doppelt umschlingen.
3. Auf diese Art Reihe um Reihe weiterarbeiten, bis ein Spinnennetz entsteht.
4. In der Mitte wird der Faden dann durch alle Schlaufen geführt, zusammengezogen und verknotet.
5. Zur Zierde bringen Sie in der Mitte eine Muschel oder eine Perle mit eingeklebter Feder an.
6. Am unteren Ende werden längliche Perlen, durch die zwei Fäden gezogen werden, angebracht: einer dient zur Befestigung am Ring, am anderen befestigen Sie eine Perle als Abschluss. Die Federn werden mit Klebstoff in den Perlen befestigt.

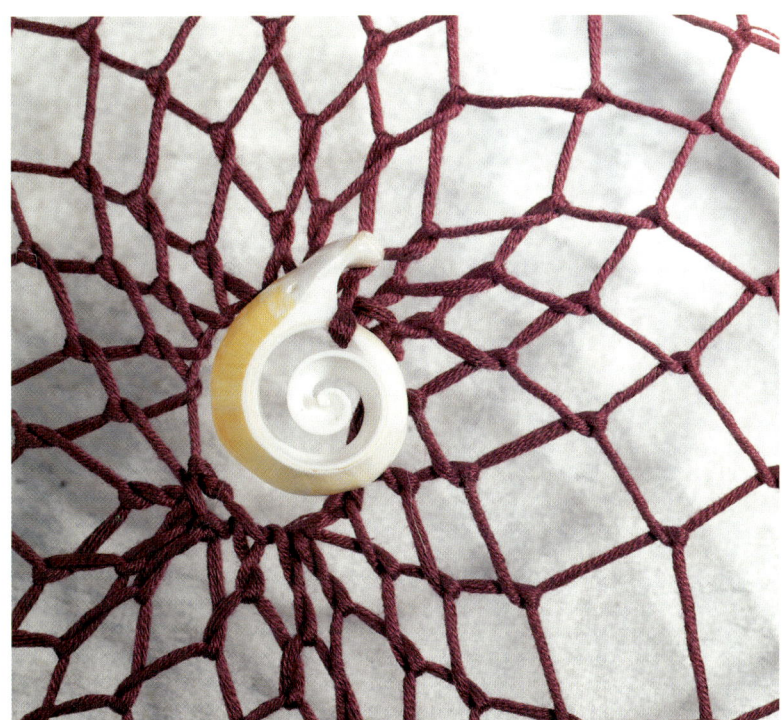

Hortensienkugeln

Die zarte Blütenpracht der Hortensien mit ihrem schönen, etwas verwaschenen Farbspiel kommt bei dieser Gestaltung besonders gut zur Geltung.

■ Material
Hortensien
Papier handgeschöpft, zarter Farbton
Bambusstäbe dünn, farblich abgestimmt
passendes Glas
Orchideenglas mit Gummistöpsel
Geschenkband grün
Locher
Schere

Papiervase
1. Reißen Sie das Naturpapier zu einem Streifen (50 × 20 cm) und rollen Sie diesen zu einem Zylinder.
2. An der Nahtstelle oben und unten ein Loch stanzen und die Bambusstäbe durchstecken.
3. Auf der gegenüberliegenden Seite ebenfalls zwei Löcher und ebenso zwei Bambusstäbe anbringen.
4. Stellen Sie ein mit Wasser gefülltes Glas in den Zylinder und stecken Sie die Hortensienkugel hinein.

Papiertüte

1. Reißen Sie das Naturpapier zu einem beliebig großen Quadrat und rollen Sie dieses zu einer Tüte.

2. An der Nahtstelle oben und unten ein Loch stanzen und die Bambusstäbe durchstecken.

3. Der Stiel der Hortensie wird in ein mit Wasser gefülltes Orchideenglas mit Gummistöpsel gesteckt und in die Tüte gelegt.

4. Die Papiertüte kann auf einen Tisch gelegt oder auch an die Wand gehängt werden. Hierfür lochen Sie die obere Spitze und ziehen ein Geschenkband hindurch.

Tipp:
● Hortensien lassen sich sehr gut trocknen und können dann ohne Wasserbehältnis zur Dekoration verwendet werden.

Herbst

Bunt sind schon die Wälder,
gelb die Stoppelfelder ...

und wir erfreuen uns an der herbstlichen Farbenpracht!

Herbstliche Tischdekoration

Der Herbst ist die Zeit des bunten Laubes und der Kürbisse, deren warme Farbtöne als Inspiration für diese Tischdekorationen dienen.

■ Material

Teller farblich abgestimmt
Birkenreisig
Kürbisse verschiedene Sorten und Größen
Tischset aus Kokosfasern
Haselnüsse
Weidenkugeln
Füllhorn aus Birkenrinde
Herbstlaub von wildem Wein
Bastteller
Kerzen
Messer
Kugelschreiber
Linolschneidemesser
Bindedraht
Zange

1. Um einen farblich passenden Teller wird eine Girlande aus Birkenreisig gelegt. Binden Sie die Girlande mit Bindedraht.
2. Auf dem Tischset aus Kokosfasern werden die Kürbisse, die Haselnüsse und die Weidenkugeln stilvoll miteinander arrangiert.
3. Das Besteck findet seinen Platz in einem Füllhorn aus Birkenrinde.
4. Verteilen Sie Herbstlaub von wildem Wein über dem Tischarrangement.
5. Sie können die Kürbisse auch verzieren. Hierfür das gewünschte Motiv, hier Mäander in verschiedenen Variationen, zuerst mit einem Stift auf den Kürbis zeichnen und dann mit dem Linolschneidemesser die Linien nachschneiden.

Tipp:
● Ergänzen Sie das Tischarrangement durch einen Zierkürbis-Kerzenständer. Den Kürbis hierfür aushöhlen, die Kerzen hineinstellen und das Ganze mit Birkenreisig umwickeln. Aufgepasst: Die Kerzen nicht unbeaufsichtigt brennen lassen, da das Reisig in Brand geraten könnte!

Initialen aus Naturmaterialien

Die richtige Beschäftigung für Geduldige ist dieses Mosaik. Mungobohnen, Kidneybohnen oder Erbsen finden hier einen neuen Verwendungszweck.

■ Material
Mungo-/Kidneybohnen/Erbsen
evtl. Kaffeebohnen, Linsen
Papier
Bleistift
Schere
Holzplanken oder Keile
Klebstoff
Pinsel
Pinzette

1. Zeichnen Sie die Buchstaben in der gewünschten Größe auf ein Papier und schneiden Sie diese aus.
2. Legen Sie dann die Buchstabenschablone auf das Holz und ziehen Sie die Konturen mit dem Bleistift nach.
3. Nun wird die Innenfläche der Buchstaben abschnittsweise mit Klebstoff bestrichen.
4. Setzen Sie die Bohnen oder Erbsen gleichmäßig nebeneinander in den feuchten Kleber, bis die ganze Form ausgefüllt ist. Hierfür eventuell eine Pinzette verwenden.

Tipp:
● Auch Kaffeebohnen oder rote Linsen lassen sich zu einem optisch wirkungsvollen Buchstaben-Mosaik arrangieren.

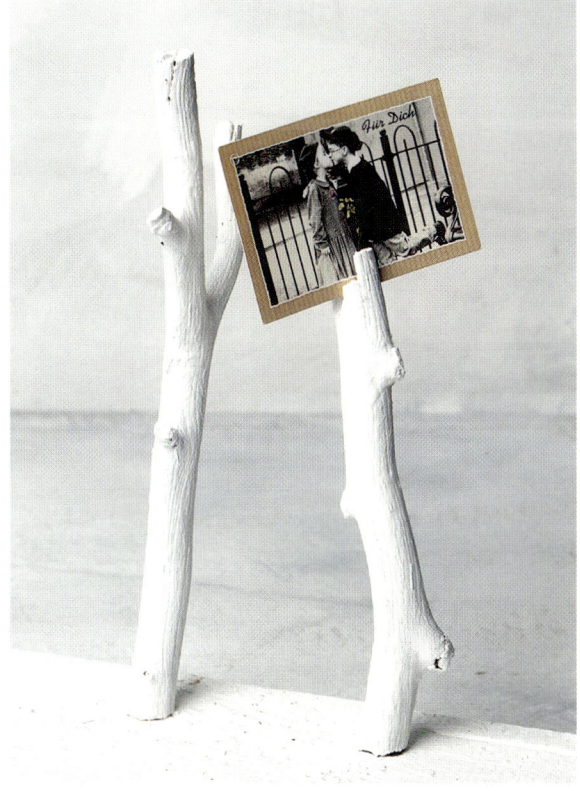

Fotohalter
aus Fundstücken

Einige verwitterte Äste, eine Säge, Leim, Schrauben und schon haben Sie einen eigenwillig anmutenden Foto- oder Kartenhalter kreiert.

■ **Material**

Äste verwittert
Laubsäge
Holzkeile
Holzleim
Wäscheklammern aus Holz
Holzbohrer
Holzschrauben lang
Schraubenzieher
Bastelfarbe weiß, matt
Pinsel

Kartenhalter mit Wäscheklammern

1. Die Äste gegebenenfalls entrinden und mit der Säge so zuschneiden, dass eine schöne Gabelung oder Form entsteht.
2. Der Ast, der als Kartenhalter dient, wird mit Holzleim auf einen Holzkeil geklebt. Hier ist die Auflagefläche so groß, dass der Ast gut hält.
3. Kleben Sie die Wäscheklammern mit Leim an den Ast. Achten Sie dabei darauf, dass die Abstände zwischen den Klammern so groß sind, dass sich die Klammern einerseits gut öffnen und andererseits die Karten oder Fotos gut nebeneinander befestigen lassen.

Kartenhalter-Astgabel

1. Sägen Sie die gabelförmigen Äste zu und bohren Sie in diese behutsam unten ein Loch.
2. Durchbohren Sie das Holzscheit mit der gleichen Bohrerstärke wie die Astgabeln.
3. Nun wird zur Befestigung durch das Holzscheit hindurch in den Ast eine Schraube gedreht.
4. Sägen Sie in die oberen Astenden Schlitze, in welche die Karten gesteckt werden können.
5. Zum Schluss das Ganze mit weißer Bastelfarbe bemalen.

Hopfenkranz und Euphorbiagesteck

Ein bildschönes Natur-Arrangement: Hopfen mit Hortensien und rosa Pfeffer.

■ **Material**
Hopfenkranz in gewünschter Größe
Euphorbia
Pfefferdolden rosa
Hortensienblüten frisch/getrocknet
Zange
Bindedraht
Golddraht dünn

Hopfenkranz

1. Die Stiele der Pfefferdolden mit Bindedraht umwickeln, dabei die Drahtenden so lang lassen, dass sie noch um den Hopfenkranz gebunden werden können.

2. Verfahren Sie mit den Stielen der Hortensienblüten wie mit denen der Pfefferdolden.

3. Binden Sie nun die Hortensien und den rosa Pfeffer gleichmäßig in den Hopfenkranz. Achten Sie darauf, dass der Hopfen den Draht verdeckt.

Euphorbiagesteck

1. Umwickeln Sie die Stiele der Hortensienblüten so mit dünnem Golddraht, dass eine Girlande entsteht.

2. Wickeln Sie nun die Girlande aus Hortensienblüten um die Euphorbia und binden Sie dabei den rosa Pfeffer mit ein.

3. Legen Sie das reizvolle Euphorbia-Gesteck auf eine dekorative, farblich passende Unterlage.

Herbst-Potpourri

Der Duft von Zimt und Anis in diesem herbstlichen Potpourri verleiht uns eine erste Ahnung von der kommenden Weihnachtszeit.

■ **Material**
Kartons mit Sichtfenstern
Bastelfarbe gelborange, orangefarben, weinrot, alle matt
Haselnüsse, Mandeln und Walnüsse in der Schale
Zimtstangen
Anis
Peperoni getrocknet, rot
Glitter
Skelettblätter orangefarben
Blüten getrocknet
Pinsel
Klebstoff

1. Die Kartons mit Farbe bestreichen und gut trocknen lassen.
2. In der Zwischenzeit die Nüsse mit Klebstoff betupfen und mit Glitter bestreuen, ebenso die Zimtstangen und die Mandeln.
3. Legen Sie die Kartons mit Skelettblättern aus und streuen Sie das herbstliche Potpourri hinein.
4. In die Fenster der Kartons getrocknete Blüten legen und die Hinterwand festkleben.
5. Streuen Sie einige getrocknete Blüten dekorativ auf das Potpourri. Biegen Sie die Spitzen der Skelettblätter zur Mitte und schließen Sie den Karton.

Deckel mit Herbstlaub

Geschmackvoll und doch ganz
einfach zu fertigen sind diese
farbenfrohen Abdeckungen für
allerlei Schmackhaftes.

■ Material

Marmelade, Eingemachtes,
Sirup, Senf, Essig, Öl und ande-
res in Gläsern/Flaschen
Blätter groß, nicht getrocknet
(z. B. Ahorn, Kastanie)
Bast farblich abgestimmt
Öko-Schnipselkarton farblich
abgestimmt
Filzstift
Klebstoff
Schere
Locher

Deckelhaube

1. Die Deckel der Gläser und Flaschen mit noch nicht getrockne-
tem Herbstlaub ganzflächig be-
legen und dabei gegebenenfalls
die Blätter an einigen Stellen
mit etwas Klebstoff fixieren.
2. Binden Sie nun das Laub mit
mehreren farblich passenden
Bastfäden fest.

Etikett

1. Um den Inhalt der Gläser zu
kennzeichnen, können entsprechend beschriftete Etiketten
angebracht werden.
2. Schneiden Sie die Etiketten
aus dem Karton quadratisch
oder rechteckig zu, nach Wunsch
können die Ecken auch abge-
schnitten oder abgerundet werden.
3. Die Etiketten in der Mitte
lochen und durch das Loch einen
Bastfaden ziehen.
4. Zum Schluss beschriften Sie
die Etiketten und binden sie an
die Gläser oder Flaschen an.

1. Zeichnen Sie die Zahlen in der gewünschten Größe auf ein Papier und schneiden Sie diese aus.

2. Legen Sie dann die Zahlenschablone auf das Holz und ziehen Sie die Konturen mit dem Bleistift nach.

3. Nun wird die Zahl abschnittsweise mit Acrylkleber bestrichen.

4. Lassen Sie die Steinchen in den feuchten Kleber rieseln.

5. Verfahren Sie ebenso mit dem Hintergrund. Alles gut trocknen lassen.

6. Nun die Bambusstäbe für den Rahmen entsprechend zusammenbinden. Hier wurden drei für die Längsseite und je zwei für die Breitseite verwendet.

7. Den Rahmen aufkleben oder gegebenenfalls annageln.

Kieselsteinmosaik

Ein ungewöhnliches Hausnummernschild – ein Kieselsteinmosaik, das weitaus einfacher zu fertigen ist, als es aussieht.

◼ Material
Papier
Holzplatte
Kieselsteine hellgrüne, helle, dunkle unterschiedlicher

Körnung (Aquariumbedarf)
etwa 10 Bambusstäbe
Paketschnur
Bleistift
Schere
Klebstoff
Acrylkleber transparent
Pinsel
Fugenmörtel mittelgrau
Rührholz
Gummibecher
Gummispachtel
Schwamm

Um größere Abstände zwischen den Steinchen, wie bei der „18" auszugleichen, kann das Mosaik zum Schluss mit Fugenmörtel ausgefüllt werden.

1. Hierfür den Fugenmörtel mit etwas Wasser und einem Rührholz im Gummibecher anrühren und etwa 20 Minuten anziehen lassen (Herstellerhinweise beachten).

2. Arbeiten Sie den Mörtel mit einem Gummispachtel in die Fugen ein.

3. Überschüssigen Fugenmörtel mit einem feuchten Schwamm abwischen. Gut trocknen lassen.

Winter

Horch, was kommt von draußen rein ...

und lässt nicht nur unser Heim in farbenfrohen Dekorationen erstrahlen.

Villa Kunterbunt

Ein farbenfrohes Restaurant für alle Vögel, die im Winter nicht in den Süden fliegen.

■ Material

2 Obstkisten aus Holz
Bastelfarbe weiß, rosa, hellblau
Holzleim
Tacker extra stark
Holzherz
Talamifrüchte
Ast verzweigt
Pinsel
Teppichmesser
Heißkleber

1. Streichen Sie eine der Obstkisten mit weißer Farbe; sie wird zum Boden für das Vogelhaus.
2. Schneiden Sie die zweite Obstkiste genau in der Mitte mit dem Teppichmesser durch.
3. Die Schnittstellen der zweiten Obstkiste werden so gegeneinander gesetzt, dass ein Dachfirst entsteht. Diesen in die weiß gestrichene Obstkiste setzen.
4. Den Dachfirst zuerst mit Holzleim verkleben. Gut trocknen lassen und dann mit einem Tacker zusammenklammern.
5. Nun die „Villa Kunterbunt" nach Belieben farbig anmalen. Gut trocknen lassen.
6. Zum Schluss mit Heißkleber ein Holzherz an den Giebel kleben.

Tipp:
● Mit gut gefüllten Futternäpfen aus Talamifrüchten überraschen Sie die Vögel. Befestigen Sie diese mit Heißkleber auf der Veranda des Häuschens.

Vogelfutterknödel à la carte

Ein besonderer Genuss für alle Vögel, die den Winter über in der Kälte ausharren, sind selbst gefertigte Vogelfutterknödel.

■ Material
500 g Kokosfett
500 g Winterstreufutter
300 g Sonnenblumenkerne
weiß, schwarz
200 g Haselnüsse zerkleinert
Seil/Paketschnur
Stöcke/Äste
Kochtopf
Kochlöffel
Metallstricknadel

1. Lassen Sie das Kokosfett langsam bei geringer Hitze im Topf zergehen. Nicht sprudelnd kochen lassen!
2. Nun unter ständigem Rühren so viel Winterstreufutter hinzufügen, dass eine feste Masse entsteht. Gegebenenfalls noch Sonnenblumenkerne zugeben.
3. Die Masse etwas abkühlen lassen, bis sie weißlich wird. Formen Sie die Masse nun mit den Händen zu Knödeln. Diese in Sonnenblumenkernen oder zerkleinerten Nüssen wenden und kühl stellen.

4. Die ausgekühlten, festen Knödel mit einer erwärmten Metallstricknadel durchbohren. Das so entstandene Loch mit der Stricknadel noch etwas vergrößern.
5. Das Seil für die Befestigung unter sanftem Druck mit der Stricknadel durch das Loch schieben. Ein Ende des Seils verknoten und mit dem anderen Ende den Knödel beispielsweise an einem Ast aufhängen.
6. Unterhalb des Knödels können auch kleine Äste als Sitzstangen für Vögel in das Seil eingeknotet werden.

Tipp:
● Knödel an Stöcken und Ästen sollten gleich an diesen geformt werden, da es schwierig ist, die festen Knödel so zu durchbohren, dass Äste hindurch passen.

Adventskalender und Weihnachtsherz

Die Adventszeit ist eine Zeit stimmungsvollen Zaubers und interessanter Überraschungen, die in Torftöpfchen zauberhaft verborgen sind.

■ Material:

24 Torftöpfe unterschiedlicher Größe (Baumarkt)
Kokosfaser naturfarben
Golddraht dünn
Klebezahlen gold
Christbaumkugeln rot
Goldengel
Holzsterne gold
Mingrosen (Hobbyfachgeschäft) champagnerfarben
kleine Geschenke (Inhalt für den Adventskalender)
Naturwolle unversponnen
Schere
Klebstoff

Adventskalender

1. Umwickeln Sie zuerst die Torftöpfchen mit der Kokosfaser und dann mit dem Golddraht.
2. Nun die goldenen Zahlen aufkleben. Nehmen Sie für die herausragenden Tage – den 6. Dezember (Nikolaus) und den 24. Dezember (Heiliger Abend) – die größeren Töpfchen.
3. Die Töpfe innen nun mit etwas Kokosfaser auspolstern und dann die kleinen Gaben hineinlegen.
4. Als Deckel dienen die kunstvollen Mingrosen aus fein geschabtem Holz.
5. Als Dekoration eignen sich auch kleine goldene Holzsterne, rote Christbaumkugeln und Goldengel.

Weihnachtsherz

Dieses Wollherz, ein schönes Mitbringsel, wird aus unversponnener Naturwolle gefertigt.
1. Dazu etwas Wolle bündeln, mit dem Golddraht grob umwickeln, dann mit Wolle auspolstern und dabei die Form eines Herzens ausarbeiten.
2. Dann das Herz mit reichlich Golddraht umwickeln und mit einem Holzstern verzieren.

Winterliche Rahmen

■ Material

8 Holzstäbe
Weinreben
Rindenstücke
Islandmoos rosenholzfarben
Holzsterne silber
Kastanienschalen getrocknet
Bucheckernschalen getrocknet
Cypressuszapfen
Bindedraht
Bast rostrot
Schere
Heißkleber

Tipp:
● Als Dekoration für die Weihnachtszeit bieten sich silberne Holzsterne, getrocknete Kastanienschalen, Cypressuszapfen und Bucheckernschalen an, die mit Heißkleber befestigt werden.

1. Fertigen Sie das Grundgerüst des Rahmens aus geraden Holzstöcken. Hierfür ein Quadrat aus 4 Stöcken legen, deren Enden jeweils etwa 4 cm überstehen, und das Ganze mit Bindedraht befestigen.
2. Für eine größere Stabilität binden Sie in das erste ein zweites Quadrat aus Holzstäben hinein.
3. Das Rahmenquadrat zuerst mit Weinranken umwickeln, dann nach und nach die Rindenstücke auflegen und festbinden.
4. Zuletzt das Moos mit dem Bast befestigen.
5. Jetzt können Sie die Rahmen nach Belieben mit Naturmaterialien dekorieren, die mit Heißkleber angebracht werden.

Festtags-Tischdekoration

Gold und Rot glitzert prunkvoll auf der Festtagstafel. Diese Tischdekoration besticht durch ihre üppig festliche Pracht.

■ Material

Tischdecke rot
Organzatischdecke golden
Palashblätter
Palmblätter-Ranke geflochten
Ast spiralförmig gewunden
Füllhorn aus Reisig
Stoffservietten goldfarben
Goldspray
Deko-Engel weiß, goldfarben
Kerzen goldfarben
Rosen weiß gefrostet
Christbaumkugeln rot

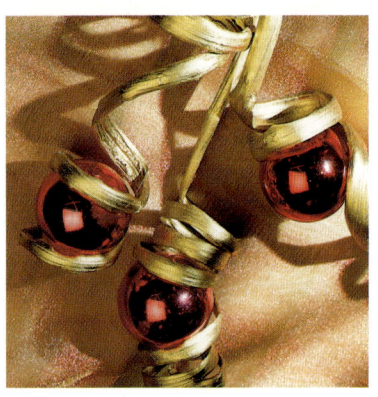

Mingrosen (aus fein geschabtem Holz) champagnerfarben

1. Legen Sie die rote Tischdecke auf und breiten Sie die Tischdecke aus Organza darüber.
2. Die Naturmaterialien mit Goldspray besprühen. Gut trocknen lassen. Die Blätter und Ranken sind auch bereits goldfarben eingefärbt erhältlich.
3. Die Serviette in den spiralförmig gewundenen Ast stecken.
4. Die Palashblätter und die Deko-Engel dekorativ auf den Tellern und dem Tisch verteilen.
5. Nun die geflochtenen Palmranken schwungvoll um die Teller legen.
6. Stellen Sie Kerzen auf und arrangieren Sie die gefrosteten Rosen und die roten Kugeln auf dem Tisch und um die Teller.

Füllhorn

Ein Reisig-Füllhorn gefüllt mit Mingrosen, Goldranken und roten Kugeln ersetzt den Blumenstrauß.

Tipp:

● Eine stilvolle Idee sind diese spiralförmigen Äste (erhältlich im Hobbyfachgeschäft oder Floristikbedarf) als Halterung für Christbaumkugeln.

Goldkränze und Goldherz

■ Material

Haselnüsse, Mandeln, Walnüsse
Zimtstangen
Kranz aus Birkenreisig
Graskranz
Goldglitter
Goldspray
Graskranz
Mohnblumen getrocknet
Holzsterne gold
Herzrohling aus Draht
Moos
Bindedraht dünn
Heißkleber

Graskranz

1. Die Mohnblumen mit Goldspray besprühen und gut trocknen lassen.
2. Die Mohnblumen und die
goldenen Sterne dann mit
Heißkleber auf dem Kranz anbringen.

Goldkranz

1. Die Haselnüsse, Mandeln,
Walnüsse und Zimtstangen mit
Klebstoff bestreichen und dann
mit Goldglitter bestreuen oder
leicht mit Goldspray besprühen.
2. Den Kranz aus Birkenreisig
ebenfalls mit Spray vergolden.
3. Befestigen Sie nun mit
Heißkleber die Nüsse und Sterne
dekorativ verteilt auf dem Kranz.
Die Zimtstangen werden zur
Betonung der Form strahlen-
förmig in der Mitte des inneren
Kranzes platziert.

Goldherz

1. Die Herzform wird dünn mit
Moos ausgepolstert und dieses
mit Bindedraht befestigt.
2. Goldene Sterne werden mit
Heißkleber zur Dekoration auf-
gebracht.

Weihnachtliche Geschenkverpackungen

Schnell, einfach und bildschön sind diese Geschenkverpackungen, deren Accessoires im Jahreslauf variiert werden können.

■ Material

Blumenpapier rot, pink, orangefarben
Kistchen
Rupfen pink, orangefarben
Geschenkband dünn, orangefarben
Hagebuttenzweige
Holzsterne silbern
Ast mit roten Beeren
Grevilleablätter rot
Perlenband rot
Mingrose rot (Hobbyfachgeschäft)
Heißkleber

1. Die Geschenke zuerst in farbiges Blumenpapier hüllen und dann entweder in ein Kistchen legen oder mit Rupfen zu einem Bonbon oder Säckchen gestalten.
2. Umwickeln Sie nun die Kistchen mit dünnem Geschenkband und verknoten Sie dieses, wobei der Knoten sich auf der Unterseite befindet.
3. Binden Sie aus einem kleinen Stück orangefarbenen Rupfenrest eine Schleife, indem Sie die Enden zu zwei Schlaufen übereinander legen und die Mitte mit einem orangefarbenen Bändchen abbinden.

4. Zum Schluss werden die Kistchen mit Hagebuttenzweigen oder einem Ast mit roten Beeren verziert und Holzsterne mit Heißkleber angebracht.
5. Das Geschenk-Bonbon wird mit einem Ast mit roten Beeren sowie Grevilleablättern verziert und an beiden Enden mit einem Stern beklebt.
6. Umwinden Sie das Säckchen mit dem roten Perlenband, in das Sie behutsam eine Mingrose stecken.

Wir danken folgenden Firmen für die freundliche Unterstützung dieses Buches:

Fa. Rayher
Hobby-Kunst
Postfach 1462
88464 Laupheim

Ikea Eching

Marianne Hobby
Grünhüblgasse 36
A-8750 Judenburg

C. Kreul
Carl-Kreul-Straße 2
91352 Hallerndorf

Bibliografische Information Der Deutschen Bibliothek
Die Deutsche Bibliothek verzeichnet diese Publikation in der deutschen Nationalbibliografie;
detaillierte bibliografische Daten sind im Internet über http://dnb.ddb.de abrufbar.
ISBN 3-332-01396-3

www.dornier-verlage.de
www.urania-verlag.de

1. Auflage Februar 2003
© 2003 Urania Verlag, Berlin
Der Urania Verlag ist ein Unternehmen der Verlagsgruppe Dornier.
Alle Rechte vorbehalten.

Umschlaggestaltung: P. Agentur für Markengestaltung, Hamburg
Fotos: Annette Hempfling, München
Lektorat: Berliner Buchwerkstatt, Vera Olbricht
Gestaltung und Layout: tiff.any GmbH, Berlin
Druck: Sachsendruck, Plauen
Printed in Germany

Gedruckt auf alterungsbeständigem Papier mit chlorfrei gebleichtem Zellstoff.

Die Schreibweise entspricht den Regeln der neuen Rechtschreibung.